글 김지원

춘천에서 초등 아이들을 가르치고 있습니다. 매일 아침 조회 시간에 아이들에게 힘나는 말을 건네며 하루를 시작합니다. 스스로에게 해 준 따뜻하고 다정한 말들이 쌓여 지금의 단단한 어른으로 성장할 수 있었다고 믿기 때문입니다. 이 책을 읽는 모든 이가 스스로에게 예쁘고 좋은 말을 건네며 나를 먼저 아끼고 사랑하는 사람으로 자라길, 다정한 마음을 나눌 줄 아는 멋진 어른이 되길 바랍니다. 지은 책으로는 《내가 나라서 정말 좋아》가 있습니다.

인스타그램 @jaehyungs_owner

그림 하꼬방

주변의 소소하지만 소중한 이야기에 따뜻한 감성을 담아 그림을 그립니다. 책, 패키지, 앨범 커버 등 다양한 분야의 작업을 하고 있습니다. 그린 책으로는 《내가 나라서 정말 좋아》, 《우주보다 큰 아이》, 《꿈을 거래합니다》, 《두근두근 어린이 사랑 인물 시상식》, 《아바타라 안심이다》 등이 있습니다.

인스타그램 @hakkobang

표현은 다정하게, 마음은 단단하게

내가 나라서 정말 좋아
필사 에디션

김지훤 글 | 하꼬방 그림

길벗

작가의 말

첫 번째 책을 내고 참 많은 일이 있었습니다. 오디오책 녹음을 하고 도서관에서 강연을 하고 독자분들께 사인도 해 드리는 등 참으로 진기한 일들을 누렸지요. 내가 이런 걸 다 해 보다니! 첫 책이 나오기 전 "지훤아, 너의 책이 나오면 네 삶이 많이 달라질 것 같아." 하신 엄마의 말씀이 선명히 들어맞는 나날들이었습니다.

"김지훤, 뭐라도 해 봐. 이대로 가만히 있기에는 너무 아까워." 동료 선생님들의 권유가 없었다면 여기까지 오지도 못했을 겁니다. 그렇게 인스타그램을 시작하고, 길벗 이미현 에디터님을 만나게 되고, 첫 번째 책이 두 번째 책으로 이어지게 되었습니다. 같은 학교 교사인 게 자랑스럽다며 무한한 응원을 보내 주시는 후평초 선생님들, 아무 책이나 쓰게 하지 않을 거라며 진심을 다해 아껴 주시는 길벗팀, 허약한 체력으로 허덕이고 있진 않은지 애지중지 살펴 주시는 우리 부모님, 시부모님, 그리고 남편. 제 귀인분들께 감사의 말씀을 드리고 싶습니다. 정말 감사합니다.

재미난 인생이라며 활짝 핀 하루를 살다가도 순식간에 덮쳐 오는 파도 속에 속절없이 무너질 때, 눈물을 닦고 다시금 뚜벅뚜벅 나아갈 수 있었던 건 모두 당신 덕분입니다. 나조차 내가 싫어지는 힘든 순간에도 날 좋아해 주는 근사한 당신을 보며 위로받을 때가 참 많았습니다. '저렇게 멋진 사람이 날 좋아해 준다는 건 나도 꽤 괜찮은 사람이라는 거겠지.'라며 위안 삼았던 마음을 수줍게 고백합니다. 한계와 자책에 휩싸여 마음이 쿡쿡 쑤실 때 언제나 싱그러운 미소로 웃어 주는 나의 귀인들에게 다시 한 번 참 감사합니다.

산다는 게 재밌는 이유는 인생의 여정 속 멋진 사람들을 더 많이 만날 수 있기 때문인 것 같아요. 예전에는 내가 무리의 최고가 되고 싶었다면 이제는 내 곁에 나보다 더 멋진 사람들이 많았으면 좋겠습니다. 그들을 우러러보며 배우고 닮아 가고 싶은 마음이 저를 더 좋은 사람으로 이끌어 주기에 이 욕심을 쉬이 잠재울 수 없는 것 같습니다. 더 멋진 사람을 만나기 위해 더 나은 사람이 되려고 합니다. 이제 저의 버킷 리스트는 "내가 나라서 정말 좋아!" 하고 자기만의 특별함을 사랑할 줄 아는, 멋진 사람들을 만나는 것으로 새롭게 채워질 것 같아요.

이 모든 마법 같은 일들은 일기장에서 시작되었습니다. 쓰는 대로 이루어지는 마법이 있기라도 한 걸까요? 행복에 부푼 상상으로 기록했던 크고 작은 꿈과 다짐이 하루가 되고 일상이 되었다니. 제가 일기장에 적었던 모든 것이 마법의 주문이었나 봅니다. 꿈꾸는 모든 순간에 저의 일기장이 있었던 것처럼, 여러분의 꿈과 상상에도 이 책이 있었으면 합니다. 쓰는 대로 이루어지는 마법. 그 마법을 기대하며 문장을 따라 써 보세요. 마법의 가루가 여러분의 삶 곳곳에 흩날리기를, 주문은 제가 대신 외우겠습니다.

싱그러운 초여름의 기운을 담아
김지훤 드림

# 목차

- 2   작가의 말
- 8   이 책 사용법

 내 삶을 사랑하기

- 12   특별한 나
- 16   이 세상에서 가장 궁금한 것
- 20   팔레트 세상
- 24   살아 있다는 특권
- 28   영화 같은 인생
- 32   우리의 순간
- 36   내 마음은 변덕쟁이
- 40   여유의 힘
- 44   방향의 중요성
- 48   공부를 해야 하는 이유
- 52   계절의 행복
- 56   음악과 함께하는 삶
- 60   흔적 속에 사는 삶
- 64   자연과 함께하는 삶
- 68   나를 사랑하는 방법

 **멋지게 살아가기**

74	나만 뒤처지는 것 같을 때
78	기억을 지우고 싶을 때
82	나의 단점만 보일 때
86	깜깜한 터널을 지나
90	도전을 앞둔 나에게
94	포기하고 싶을 때
98	토닥토닥, 괜찮아
102	싸움에 관한 오해
106	누구나 오늘은 처음이라서
110	함부로 대하는 친구에게
114	자신감을 만드는 세 가지
118	당당하게 발표하는 방법
122	생각이 말이 될 때
126	마음을 이끄는 사람
130	너의 우주를 들어 줄게

단단하게 살아가기

- **136** 사랑을 주고 싶을 때
- **140** 사랑을 받고 싶을 때
- **144** 나에게 해야 하는 말
- **148** 나에게 하면 안 되는 말
- **152** 사과받는 방법
- **156** 사과하는 방법
- **160** 거절하고 싶을 때
- **164** 거절당했을 때
- **168** 내가 너무 싫은 날
- **172** 내가 나라서 정말 좋아

이 책 사용법

언제나 힘이 되는 다정한 말 따라 읽기

1단계 눈으로 감상하기

먼저 그림을 눈으로 따라가 보세요. 그림 속 주인공의 표정과 분위기를 구석구석 살피며 어떤 이야기가 펼쳐질까 마음속으로 상상해 보는 거예요.

2단계 큰소리로 따라 읽기

한 글자씩 소리 내어 읽어 보세요. 위로와 용기가 필요한 모든 순간에 내 감정을 다독이며 슬기롭고 지혜롭게 마음을 표현하는 연습을 하는 거예요.

마음이 단단해지는 것을 느끼며 따라 쓰기

3단계 아침 조회 출석하기

QR을 스마트폰으로 찍어 보세요. 김지훤 선생님이 준비한 특별 아침 조회 영상을 만날 수 있어요. 선생님의 이야기를 듣고 내 마음의 소리에도 귀 기울여 보세요.

4단계 또박또박 따라 쓰기

한 글자씩 또박또박 따라 써 보세요. 40가지 예쁜 말, 다정한 말, 단단한 말을 담았답니다. 꾹꾹 눌러 쓴 글씨만큼 내 마음도 더욱 짙고 단단해질 거예요.

내 삶을 사랑하기

특별한 나

나는 세상에서 가장 특별하고 소중해요.

누군가 칭찬해 주지 않아도
누군가 예뻐해 주지 않아도
난 머리부터 발끝까지 특별해요.

그 누구도 나를 함부로 때릴 수 없어요.
그 누구도 나를 함부로 비난할 수 없어요.
나는 소중하니까요.

내가 나여서 정말 좋아요.
내가 언제나 자랑스러워요.
내 모습 그대로 참 어여뻐요.

그 무엇과도 바꿀 수 없는 나를
듬뿍 사랑해 줄래요.

"나는 이 세상에 단 하나뿐인 귀한 사람이에요."

지원쌤의 조회 시간

선생님은 반 학생들이 전원 출석하지 않은 날,
세 명만 없어도 교실이 텅 빈 것처럼 느껴지더라.
학교에 오지 않은 아이들이 너무 보고 싶어서
빨리 월요일이 되기를 기다린 적도 있어.

너희는 한 명 한 명 모두 특별하고 소중하단다.
너희 스스로가 알았으면 좋겠어.
내가 얼마나 귀엽고, 소중하고, 특별한 사람인지.

누군가 나에게 "귀엽다, 소중하다, 특별하다"
칭찬의 말을 할 때, 나를 껴안으며 이렇게 말해 봐.
"역시 나야!"

 선생님은 너희를 만나는 매일 아침이 특별하게 느껴져.
너는 언제 특별하다는 생각이 드니?

마음이 단단해지는 것을 느끼며 글씨를 따라 써 보아요.

특별한 나

나는 세상에서 가장
특별하고 소중해요.

내가 나여서 정말 좋아요.
내가 언제나 자랑스러워요.
내 모습 그대로 참 어여뻐요.

그 무엇과도 바꿀 수 없는 나를
듬뿍 사랑해 줄래요.

나는 이 세상에서 단 하나뿐인
귀한 사람이에요.

이 세상에서 가장 궁금한 것

이 세상에 맛있는 음식이
얼마나 많은지 궁금해요.

이 세상에 재밌는 놀이기구가
얼마나 많은지 궁금해요.

그중에도 제일 궁금한 건 나예요.

내 안에 얼마나 많은 꿈이 있는지
내 안에 얼마나 많은 별이 있는지
궁금해요.

나를 발견하는 모험을 떠날래요.
드넓은 바다에서 노를 저으며
다양한 경험을 만져 볼래요.

"내 안의 미지의 세계를 탐험할래요."

📢 지윤쌤의 조회 시간

이 세상에는 참 재미난 것들이 많아.
그래서 살아갈수록 궁금한 것들도 많아지지.

똠얌꿍은 무슨 맛일까?
세상에서 제일 재밌는 직업은 무엇일까?

세상에 대한 호기심을 탐구하다 보면
그 속에 내가 보이는 것 같아.

내가 어떤 음식을 좋아하는지,
내가 어떤 직업을 흥미로워 하는지 보이잖아.

이 세상에 대한 질문이 곧 나에 대한 질문인 거야.
이 세상보다 더 귀한 나를 발견하기 위해
세상이란 바다에 모험을 떠나 보자!
나는 이 세상보다 더 크고 값진 사람이니까.

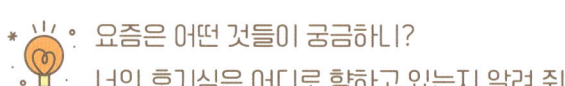

💡 요즘은 어떤 것들이 궁금하니?
💡 너의 호기심은 어디로 향하고 있는지 알려 줘.

마음이 단단해지는 것을 느끼며 글씨를 따라 써 보아요.

이 세상에서 가장 궁금한 것

내 안에 얼마나 많은
꿈이 있는지
내 안에 얼마나 많은
별이 있는지 궁금해요.

나를 발견하는 모험을 떠날래요.
드넓은 바다에서 노를 저으며
다양한 경험을 만져 볼래요.

내 안의 미지의 세계를 탐험할래요.

팔레트 세상

세상에 태어날 때 누구나
윤이 나는 새 팔레트를 받아요.

새로운 배움을 경험하고
재미난 추억을 쌓으며
물감을 채워 가요.

푸른 용기의 물감
금빛 지혜의 물감
붉은 열정의 물감.

세상에서 가장 귀한 작품을 만들어 줄
특별한 물감이랍니다.

나만의 기법으로 색칠하고
이 세상에 하나뿐인 작품을 만들지요.

짜잔! 바로 '나'랍니다.

물감이 많을 때 작품이 다채로워지는 법이에요.
명작을 그리기 위해 물감을 모으세요.

"도전하고 부딪칠수록 팔레트가 화려해져요."

지원쌤의 조회 시간

너희는 수채화를 그리기 전에 어떤 것부터 모을 거니?
물감을 모아야겠지!
멋진 그림을 그리기 위해 많은 물감이 필요하잖아.
작품이 완성되려면 재료가 준비되어야 하는 법이야.

우리도 하나의 작품이야.
우리를 더 멋지게 가꾸고 완성하기 위해서 물감을 모아야 해.
그 물감은 오직 경험으로 얻을 수 있단다.

수많은 배움과 추억이 쌓여 경험이 되고
경험은 우리를 세상에서 제일 멋진 작품으로 만들어 줄 거야.
알록달록한 경험으로 너라는 작품을 뽐내 봐.

 너만의 알록달록한 추억은 무엇이니?
마음속에 간직하고 있는 추억을 써 봐.

마음이 단단해지는 것을 느끼며 글씨를 따라 써 보아요.

팔레트 세상

푸른 용기의 물감
금빛 지혜의 물감
붉은 열정의 물감.

세상에서 가장 귀한
작품을 만들어 줄
특별한 물감이랍니다.

물감이 많을 때 작품이
다채로워지는 법이에요.
명작을 위해 물감을 모으세요.

도전하고 부딪칠수록
팔레트가 화려해져요.

살아 있다는 특권

달짝지근한 초코 케이크
밤하늘에 수놓인 반짝이는 별
겨울 거리마다 보이는 크리스마스 트리.

사랑할 것들이 참 많은 세상이에요.
흥미로운 것도, 재미난 것도 많은
이 세상에 산다는 것 자체가 얼마나 행복한지요.

우린 모두 특권을 가진 사람들이에요.
살아 있다는 특별한 권리.

남들과 비교할 필요도 없어요.
우린 이미 똑같은 특권을 가졌는걸요.

이 세상에 살아 있다는 것에 환호하며
매일매일 행복하게 누릴래요.

"살아 있다는 것 자체로 눈물나게 감사해요."

지원쌤의 조회 시간

특권을 가진 사람은 따로 있다고 생각할 때가 있어.
돈이 많은 사람만이,
명예를 가진 사람만이 특권을 가졌다고 생각하지.

그런데 우리는 모두 특권을 가진 사람들이야.
살아 있다는 특별한 권리.
삶과 죽음 사이에서 삶으로 나아갈 수 있다는 것이
얼마나 벅차고 행복한 일인지 몰라.

우리가 당연하게 여기며 살아가는 하루하루가
선물이고 기적이란다.
선물 같은 하루를 기적처럼 살아 보는 건 어때?
우린 모두 살아 있다는 특권을 가진 사람들이니까.

 살아 있다는 게 가장 행복하게 느껴질 때는 언제니?
너만의 삶의 기쁨을 들려줄래?

마음이 단단해지는 것을 느끼며 글씨를 따라 써 보아요.

살아 있다는 특권

사랑할 것들이 참 많은 세상이에요.
이 세상에 산다는 것 자체가
얼마나 행복한지요.

우린 모두 특권을 가진 사람들이에요.
살아 있다는 특별한 권리.

이 세상에 살아 있다는 것에 환호하며
매일매일 행복하게 누릴래요.

살아 있다는 것 자체로
눈물나게 감사해요.

영화 같은 인생

영화 속 주인공이 악당과 싸울 때
주인공이 모든 걸 잃을 때
제일 흥미롭고 가슴이 콩닥콩닥해요.

주인공의 시련이 절정에 다다를 때
영화는 가장 재밌는 거예요.
무척 궁금해지잖아요.
도대체 결말이 어떻게 될까?

우리 인생도 똑같아요.
영화 보듯 삶을 바라봐요.
지치고 포기하고 싶은 순간에
결말을 기대하며 흥미롭게 나아가는 거예요.

나만의 결말을 만들어 볼래요.
시련을 마주하는 자세로 결말이 달라지는걸요.
시련이 있기 때문에 주인공이 빛나는 법이에요.

"우리의 인생은 한 편의 영화예요."

지훤쌤의 조회 시간

선생님은 힘든 일이 있을 때 영화를 봐.
모든 영화에서 주인공은 시련을 겪거든.
주인공들은 나보다 더 큰 시련을 겪고 있는데도
저마다의 방법으로 잘 이겨내더라고.

그들이 시련을 견디고
마침내 결말을 맞이하는 걸 보면서
또다시 일어날 용기를 얻고
또다시 걸어갈 힘을 내게 되는 것 같아.

우리의 인생은 한 편의 영화니까
내가 바로 주인공이고
내가 겪는 시련이 바로 명장면인 거야.

그저 포기하지 않는 영화 속 주인공들처럼
포기하지 않으면 돼.
내가 바로 내 삶의 주인공이니까.

 내 인생을 영화로 만든다면 어떤 장면을 넣고 싶니?

마음이 단단해지는 것을 느끼며 글씨를 따라 써 보아요.

영화 같은 인생

영화 보듯 삶을 바라봐요.
지치고 포기하고 싶은 순간에
결말을 기대하며
흥미롭게 나아가는 거예요.

시련이 있기 때문에
주인공이 빛나는 법이에요.
나만의 결말을 만들어 볼래요.

우리의 인생은 한 편의 영화예요.

우리의 순간

멋진 사람이 되어야만
거창한 것을 이루어야만
가치 있는 삶이라고 착각할 때가 있어요.

따사로운 햇볕
일정하게 뛰는 심장
사랑하는 사람의 온기.

우리의 모든 순간에
행복이 널려 있는걸요?

행복을 발견하고 기쁨을 간직하는 거예요.

차곡차곡 쌓여 인생이 되는
우리의 모든 순간에
감격하고 감사할래요.

"행복한 순간이 흘러 흘러 행복의 바다로 넘실거려요."

지훤쌤의 조회 시간

소확행이라고 들어 보았니? 소소하고 확실한 행복.
그 행복을 누리는 것이 살아가는 이유인 것 같아.

행복은 발견하는 사람만이 누릴 수 있는 거란다.
행복의 조건이 갖춰졌는데도 발견하지 못한다면
행복이 행복인 줄 모르고 지나칠 수밖에 없잖아.

행복을 발견하는 힘을 길러 보는 거야.
그 힘은 '감사'에서 나오는 거란다.

"이번 봄도 어김없이 움트는 새싹을 볼 수 있음에 감사합니다."
"오늘 한 번쯤은 활짝 웃을 수 있었음에 감사합니다."
"지친 하루 끝에 돌아갈 집이 있음에 감사합니다."

찰나에 감격하고 순간에 감사하며 살아 보자.
우린 행복을 누릴 자격이 있는 사람이니까.

오늘 너만의 소확행은 무엇이었니?
행복한 순간을 떠올리며 감사하는 마음을 가져 보는 건 어떨까?

마음이 단단해지는 것을 느끼며 글씨를 따라 써 보아요.

우리의 순간

따사로운 햇볕
일정하게 뛰는 심장
사랑하는 사람의 온기.

차곡차곡 쌓여 인생이 되는
우리의 모든 순간에
감격하고 감사할래요.

행복의 순간이 흘러 흘러
행복의 바다로 넘실거려요.

내 마음은 변덕쟁이

친구와 밤새 수다를 떨고 싶다가도
고요한 방 안에서 혼자 있고 싶어요.

세상을 구해 줄 과학자가 되고 싶다가도
사람을 살려 줄 의사가 되고 싶어요.

내 마음은 자꾸 변하니
알다가도 모르겠어요.

이랬다가 저랬다가
자꾸만 변하는 내 마음이니까
귀를 기울일래요.
한순간도 놓치지 않도록.

그래?
그랬구나.
그러고 싶구나.

내 마음에 퐁당 빠져
새로운 생각들에 공감해 줄 거예요.

"세심한 눈빛으로 내 마음을 들여다볼래요."

지원쌤의 조회 시간

선생님은 지금껏 많은 꿈이 있었어.
아픈 사람들을 치료해 주는 의료 선교사
드레스를 입고 멋지게 연주하는 피아니스트
화려한 조명 속에서 춤을 추는 아이돌.

고등학생 때 꿈꿨던 초등학교 선생님이 되었지만
아직도 수없이 많은 꿈을 꾸고 있단다.

알다가도 모를 내 마음이니까
떠올랐다 사라지는 마음이니까
더 세심하게 귀 기울여 주는 건 어떨까?
내 마음을 제일 잘 들어줄 수 있는 사람은 바로 나야.

 요즘은 어떤 생각을 하며 지내니?
꿈이든 친구든 취미든, 요즘 떠오르는 생각을 적어 줘.

마음이 단단해지는 것을 느끼며 글씨를 따라 써 보아요.

내 마음은 변덕쟁이

이랬다가 저랬다가
자꾸만 변하는 내 마음이니까
귀를 기울일래요.
한순간도 놓치지 않도록.

그래?
그랬구나.
그러고 싶구나.

세심한 눈빛으로
내 마음을 들여다볼래요.

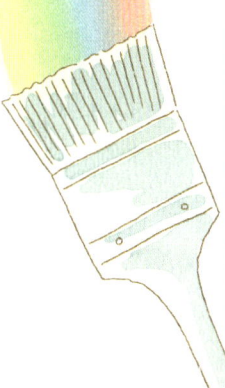

여유의 힘

다정한 말과 섬세한 배려는
여유로운 마음에서 우러나요.

준비물을 안 가져온 친구에게
나의 준비물을 빌려줄 수 있는 여유.

체육 시간에 팀을 승리로 이끈 친구에게
힘껏 박수 쳐 줄 수 있는 여유.

눈물을 뚝뚝 흘리며 용서를 비는
친구의 사과를 받아 줄 수 있는 여유.

걱정과 질투로 들어찬
마음의 공간을 비워 볼래요.
여유가 넉넉하게 들어가도록.

여유 한 움큼 움켜쥐고
더 사랑해 줄래요.

괜찮아

여유 한 조각 베어 먹고
더 근사하게 살아 볼래요.

"마음의 여유를 가진 사람이 우아한 법이니까요."

지훤쌤의 조회 시간

나를 사랑할 줄 아는 사람들은
이걸 갖고 있더라.
여유.

내 안에 꽉 들어찬 사랑이
나를 괜찮은 사람으로 만드는 우아함이 되고
남에게 베풀 줄 아는 여유가 되더라.

내 안에 걱정과 질투로 가득차면
친구의 기쁨을 함께 기뻐해 주고
친구의 사과를 받아 주기 힘들잖아.

그러니 삶의 여유를 놓치지 말고
함께 더불어 가자.
이번 생은 다정하고 근사하게 살아 보자고!

 여유를 가지고 더 우아하게 살기 위해
지금 나에게 필요한 것은 무엇일까?

마음이 단단해지는 것을 느끼며 글씨를 따라 써 보아요.

여유의 힘

다정한 말과 섬세한 배려는
여유로운 마음에서 우러나요.

걱정과 질투로 들어찬
마음의 공간을 비워 볼래요.
여유가 넉넉히 들어가도록.

여유 한 조각 베어 먹고
더 근사하게 살아볼래요.

마음의 여유를 가진 사람이
우아한 법이니까요.

방향의 중요성

다정한 사람이 되고 싶고
책임감 있는 사람이 되고 싶어요.
매일 밤마다 그런 내 모습을 상상해요.

생각해 보니
내가 원하는 모습은
이미 나에게 담겨 있었어요.
조금도 모자람 없이.

매일, 조금씩, 우리는
우리가 원하는 대로 행동하기 때문이에요.

내가 정한 방향대로 인생은 흘러가요.
어디로 향해 가는지 정말 중요하지요.

완벽하지 않아도 괜찮아요.
가끔 어그러져도 뭐 어때요?

내가 정한 방향을 향해
꿋꿋하게 나아가면 되는 거예요.

"나만의 등대를 향해 노를 저을래요."

지원쌤의 조회 시간

정말이지 신기한 일을 발견했어.
'나는 어떤 사람이 되고 싶은가'에 대해 이야기를 나누는데
모두 자신이 갖고 있는 부분을 말하더라고.

따뜻한 사람은 따뜻한 사람이 되고 싶다고
다정한 사람은 다정한 사람이 되고 싶다고
그들이 이미 가진 부분을 원하더라고.

그때 알았지.
우리는 우리가 원하는 대로, 생각하는 대로 되는구나.
그래서 방향이 참 중요하구나.

어디를 바라보고 항해하는지에 따라 우리의 인생이 달라지는 거야.
그러니 내가 바라는 삶을 향해 꿋꿋하게 나아가자.
그토록 원하던 인생이 어느새 나의 인생이 되어 있을 거야.

 선생님은 어떤 사람이 되고 싶냐는 질문마다
'따뜻하고 친절한 사람'이라고 대답했어. 너는 어떤 사람이 되고 싶니?

마음이 단단해지는 것을 느끼며 글씨를 따라 써 보아요.

방향의 중요성

내가 정한 방향대로
인생은 흘러가요.
어디로 향해 가는지
정말 중요하지요.

완벽하지 않아도 괜찮아요.
내가 정한 방향을 향해
꿋꿋하게 나아가면 되는 거예요.

나만의 등대를 향해 노를 저을래요.

공부를 해야 하는 이유

산을 오르기 전에는 보이지 않았는데
산을 오르니 보이는 것들이 참 많아요.

산 밑에 있을 때는
내가 걷는 길만 보였는데
산 위에 오르니
마을 전체가 훤히 내다보여요.

다리가 후들거리고
온몸이 땀범벅이 되었지만
올라온 만큼 더 많은 것을 볼 수 있어요.

지식을 쌓아 올라가면
더 큰 세상이 보이고
더 큰 나를 알게 돼요.

지식의 그네를 타고
더 멀리 내다볼래요.

"공부라는 망원경으로 세상을 훤히 볼래요."

지원쌤의 조회 시간

배움의 전율을 느껴 본 적이 있니?
배운다는 건 정말 재미난 건데
공부를 지루하고 지겨운 걸로 생각할 때가 많은 것 같아.

공부는 성공 경험을 쌓을 수 있는 가장 쉬운 길이야.
풀리지 않던 수학 문제가 풀리고 몰랐던 역사를 알게 되는 것.
그게 바로 성공 경험이란다.

그 자신감이 자신에 대한 믿음이 되고
새로운 도전 의식이 되지.

더 많이 알면 알수록 더 큰 세상이 보이면서 또 다른 내가 보이는 거야.
전에 보지 못했던 것들이 보이기 때문에 더 신나고 즐거운 법인걸.

배움이란 새롭게 알게 되고 깨닫게 되는 것.
배울수록 인생이 재밌어질 거야.

 선생님은 피아노 코드를 배워서 전에 몰랐던 코드를 칠 수 있게 됐을 때 배움의 기쁨을 느꼈어. 배움의 전율, 깨달음의 기쁨을 느낀 적은 언제니?

마음이 단단해지는 것을 느끼며 글씨를 따라 써 보아요.

공부를 해야 하는 이유

산을 오르기 전에는
보이지 않았는데
산을 오르니 보이는
것들이 참 많아요.

지식을 쌓아 올라가면
더 큰 세상이 보이고
더 큰 나를 알게 돼요.

지식의 그네를 타고
더 멀리 내다볼래요.

공부라는 망원경으로
세상을 훤히 볼래요.

계절의 행복

봄이 와요.
유난히 햇살이 예쁘게 부서지고
분홍빛 꽃비가 살랑살랑 흩날려요.

여름이 와요.
선풍기 앞에서 차가운 수박을 먹고
시원한 바다에 풍덩 몸을 맡겨요.

가을이 와요.

선선해진 아침 공기를 느끼고

바스락거리는 낙엽과 함께 걸어요.

겨울이 와요.

소복이 쌓인 눈에 발자국을 남기고

거리마다 캐럴이 울려 퍼져요.

매일 걷는 길도 계절마다 색다른 광경을 볼 수 있어요.

자연이 부지런히 옷을 갈아입고

날 위한 패션쇼를 열어 주거든요.

"사계절이 있는 곳에 태어나서 행복해요."

지훈쌤의 조회 시간

우리나라가 참 좋은 이유 중 하나는
사계절이 있다는 거야.

벚꽃과 푸른 바다, 노을빛 산과 겨울 왕국을
매년 만날 수 있잖아.

게다가 우리나라는 산도, 바다도 다 갈 수 있잖니.
우리나라 산이 높지 않고 도심과 가까워서
등산하기 참 좋은 산이라고 하더라.

모든 자연과 어우러져 살 수 있다는 것이
얼마나 황홀한지!

계절이 바뀔 때마다 자연을 관찰하며 느껴 봐.
계절마다 주어지는 행복만으로 마음이 꽉 들어찰 거야.

 너는 어느 계절을 좋아하니?
그 계절이 좋은 이유도 함께 이야기해 줘.

마음이 단단해지는 것을 느끼며 글씨를 따라 써 보아요.

계절의 행복

봄, 여름, 가을, 겨울
계절마다 색다른 광경을 볼 수 있어요.

봄에는 분홍빛 꽃비가 살랑살랑
여름에는 시원한 바다에 퐁당
가을에는 낙엽이 바스락바스락
겨울에는 거리마다 캐럴이 울려 퍼져요.

사계절이 있는 곳에 태어나서
행복해요.

음악과 함께하는 삶

내가 보고 있는 장면에
음악을 씌우면
한 편의 뮤직비디오가 만들어져요.

바삐 움직이는 사람들에게
슬로 모션이 걸려요.

세차게 내리는 폭풍우도
매력적인 몸짓을 뽐내요.

지루한 일상도
낭만적으로 느껴져요.

길가에 굴러다니는 쓰레기까지도
춤을 추는걸요.

"음악은 모든 순간을 명장면으로 만들어요."

지헌쌤의 조회 시간

선생님은 스트레스 받을 때
음악을 듣곤 해.

가요를 듣다가 재즈를 듣다가
클래식을 듣기도 하지.

귀에 이어폰을 꽂고 거울 앞에서 춤을 출 땐
머릿속을 메우고 있던 걱정이 사라지고
온통 기쁨으로 칠해지는 것 같아.

너희들은 힘들 때 어떤 음악을 듣니?
힘든 내 곁을 지켜 줄 음악이 있다는 것 자체로
참 감사한 것 같아.

음악은 내 삶이야.
Music is my life!

 너희들이 좋아하는 노래를 추천해 줄래?
그중 제일 좋아하는 가사도 함께 적어 줘!

_____

_____

_____

마음이 단단해지는 것을 느끼며 글씨를 따라 써 보아요.

음악과 함께하는 삶

내가 보고 있는 장면에
음악을 씌우면

세차게 내리던 폭풍우도
매력적인 몸짓을 뽐내요.

지루한 일상도
낭만적으로 느껴져요.

음악은 모든 순간을
명장면으로 만들어요.

흔적 속에 사는 삶

한가로운 오후,
가로수 길을 걷고 있었어요.
길을 아름답게 가꾸는 사람들을 만났어요.

한 사람은 풀을 베어 내고
한 사람은 한곳에 풀을 모으고
한 사람은 자루에 풀을 담고.

내가 걷고 있는 이 거리가
그냥 아름다운 게 아니었구나.
누군가의 손길이 닿아 있구나.

우리의 삶 곳곳에
아름다운 흔적이 담겨 있어요.
그 흔적을 누리며 살고 있어요.

"멋진 흔적 속에 살고 있는 오늘도, 감사합니다!"

📢 지원쌤의 조회 시간

가끔 이런 생각을 해.
내가 앉아 있는 의자도 누군가 디자인하신 거구나.
내가 먹고 있는 밥도 누군가 농사를 지으신 거구나.
내가 걷고 있는 이 길도 누군가 청소해 주시는 거구나.

우리의 모든 삶에
누군가의 땀과 노력이 서려 있고
보이지 않는 누군가의 헌신이
우리의 삶을 더욱 풍요롭게 만들어 주는 거야.

어때, 어느 하나 감사하지 않은 게 없지?
미처 생각하지 못한 누군가의 흔적을 찾아 봐.
당연하게 누렸던 것들이 조금은 특별해질 거야.

 선생님은 우리나라의 안전을 위해 지켜 주시는 경찰분들께 감사해.
너희는 어떤 분들께 감사하니?

_____

_____

_____

마음이 단단해지는 것을 느끼며 글씨를 따라 써 보아요.

흔적 속에 사는 삶

내가 걷고 있는 이 거리가
그냥 아름다운 게 아니었구나.
누군가의 손길이 닿아 있구나.

우리의 삶 곳곳에
아름다운 흔적이 담겨 있어요.
그 흔적을 누리며 살고 있어요.

멋진 흔적 속에 살고 있는
오늘도 감사합니다.

자연과 함께하는 삶

자연은 언제나
행복을 가져다주었어요.
다만 느끼지 못했을 뿐.

흐르는 계절을 눈으로 보고
속삭이는 자연의 소리를 들으며
행복을 발견해 볼래요.

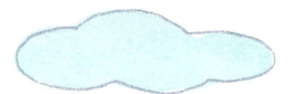

쏟아지는 아침 햇살
불어오는 산들바람
붉게 물든 저녁노을.

나를 위해 매일 색다르게 노래하는
자연과 함께 살아가는 것은
정말이지 행복한 일이에요.

매일 당연하게 해가 뜨고
매일 당연하게 밤이 찾아오는 것처럼
늘 당연하게 있어 주는 자연에게 말해 줄래요.

"내 세상을 다채롭게 꾸며 줘서 고마워!"

지훈쌤의 조회 시간

선생님은 어렸을 때 엄마랑 등산을 자주 했어.
엄마는 자연을 온몸으로 느끼고 감탄하는 분이셨지.

"여기 바위 위에 자란 이끼를 봐. 생명력이 놀랍지 않니?"
"나뭇잎 사이로 스며드는 햇살이 참 예쁘지 않니?"
"여기 홀로 핀 꽃이 참 대단하지 않니?"

어렸을 땐 엄마의 감수성이 마냥 재밌었는데
어느새 선생님도 똑같이 느끼고 있더라고.

똑같은 산도 철마다 다르게 노래하는 게 보이면서
자연이 가져다 주는 행복을 느끼게 되었어.

너희도 다채로운 자연을 느껴보길 바라.
자연을 바라보는 것 자체로 경이로울 때가 있을 거야.

 자연 속에서 놀았던 추억이 있니?
너만의 특별한 경험을 말해 줘.

마음이 단단해지는 것을 느끼며 글씨를 따라 써 보아요.

자연과 함께하는 삶

흐르는 계절을 눈으로 보고
속삭이는 자연의 소리를 들으며
행복을 발견해 볼래요.

쏟아지는 아침 햇살
불어오는 산들바람
붉게 물든 저녁노을.

자연과 함께 살아가는 것은
정말이지 행복한 일이에요.

내 세상을 다채롭게
꾸며 줘서 고마워!

나를 사랑하는 방법

나에게 품격 있는 선물을 주며
나를 더 사랑해 줘요.

첫째, 운동해요.
열심히 하루를 살아갈 나를 위해
체력을 선물하는 거예요.
아프지 않도록, 다치지 않도록.

둘째, 책을 읽어요.
아직 모르는 게 많은 나를 위해
지식을 선물하는 거예요.
더 훌륭하게, 더 똑똑하게 살 수 있도록.

셋째, 골고루 먹어요.
다양한 영양분이 필요한 나를 위해
건강을 선물하는 거예요.
더 튼튼하게, 더 즐겁게 뛰놀 수 있도록.

"나를 사랑하는 것이 가장 중요한 사랑이에요."

지원쌤의 조회 시간

선생님이 운영하는 채널에서 제일 많이 받은 질문은 이거였어.
"어떻게 하면 나를 사랑할 수 있을까요?"

나를 사랑하는 마음이 가만히 자라는 게 아니라
나를 가꾸는 행동을 하다 보면 나를 사랑하게 되는 것 같아.

너희가 정말 사랑하는 사람이 있다면
그 사람이 건강하고 행복하게 살았으면 좋겠지?
그런 삶을 위해 노력했으면 좋겠지?
똑같이 너희 스스로를 위해 노력하는 거야.

건강하게 살도록 운동하고 골고루 먹고,
더 넓고 깊게 생각할 수 있도록 책을 읽는 거야.

나에게 품격 있는 선물들을 주다 보면
스스로를 아끼는 마음이 샘솟을 거야.
내가 나를 귀하게 여기는 게 느껴지거든.

 선생님은 일주일에 세 번씩 운동하며 나를 사랑해 주고 있어.
나를 사랑하는 너만의 방법은 무엇이니?

마음이 단단해지는 것을 느끼며 글씨를 따라 써 보아요.

나를 사랑하는 방법

나에게 품격 있는 선물을 주며
나를 더 사랑해 줘요.

운동하며 체력을 선물해요.
책을 읽으며 지식을 선물해요.
골고루 먹으며 건강을 선물해요.

나를 사랑하는 것이
가장 중요한 사랑이에요.

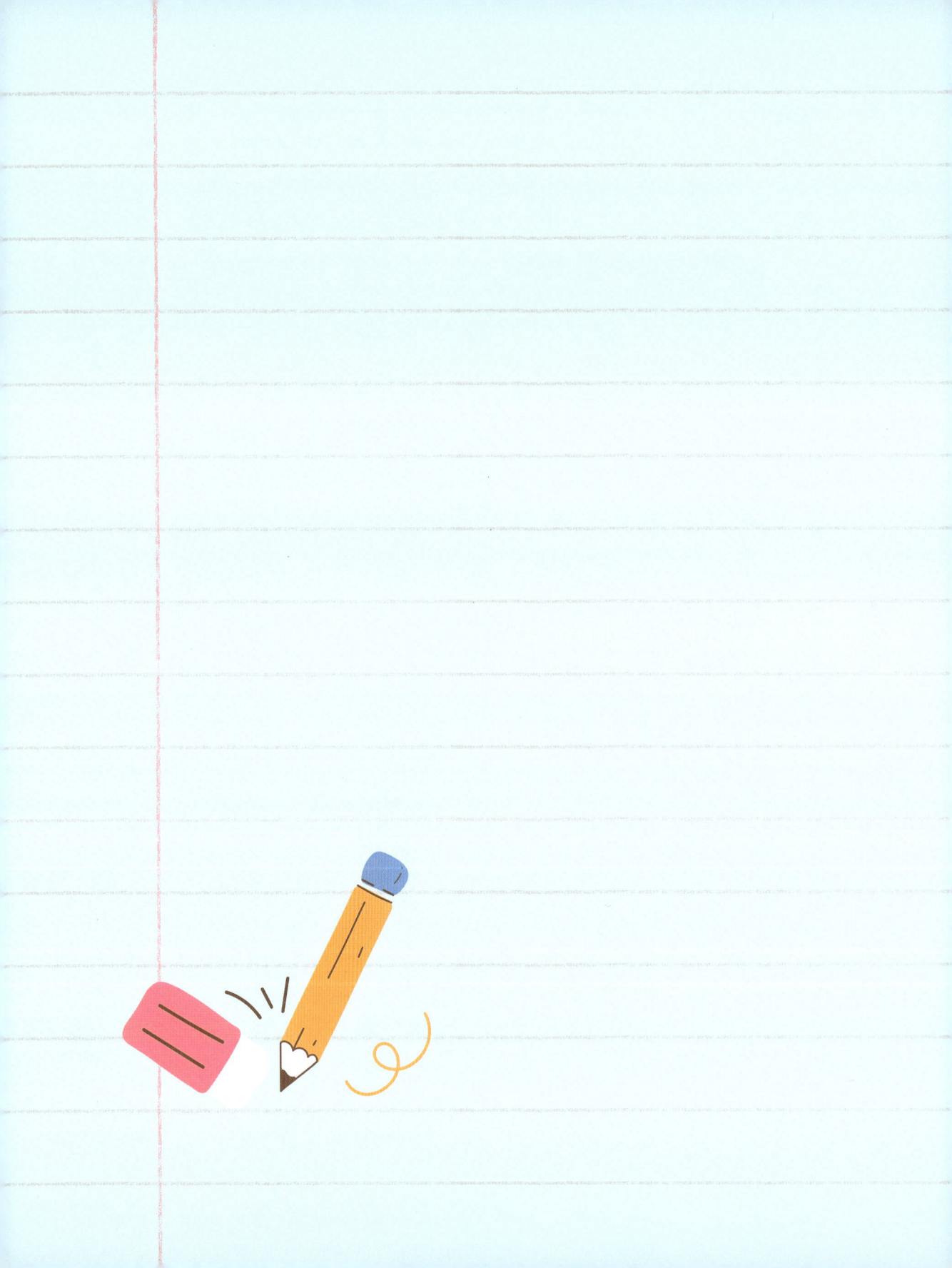

멋지게 살아가기

나만 뒤처지는 것 같을 때

사람마다
인생의 목표도 다르고
인생의 속도도 달라요.

내 속도대로 가면 돼요.
내 마음대로 가면 돼요.

나를 앞질러 가는 친구가 있어도
비교하지 않을래요.

나만 다른 길로 가는 것 같아도
눈치 보지 않을래요.

나만의 호흡으로
나만의 걸음으로
갈래요.

"나만의 회전목마를 타고 두둥실 나아갈래요."

지원쌤의 조회 시간

선생님은 대학생 때 처음으로 열등감을 느꼈어.
남들보다 잘하는 것도 없고 부족한 사람이라고 생각했지.

글을 잘 쓰는 사람, 영어로 대화를 잘하는 사람을 보며
'나는 왜 그들처럼 될 수 없을까?' 생각했어.

열등감의 구렁텅이에서 허우적대느라 내가 잘하는 것들도 잊어버리고
나를 칭찬해 주는 다른 사람들의 말도 들리지 않더라고.

그때 알았어. 스스로를 인정하지 않으면 이렇게 초라해지는구나.
남들과 비교하지 않고 나만의 길을 가는 게 중요하구나.

멋진 사람들이 수두룩한 곳에서도 주눅 들지 말고
너만의 길을 너만의 방법으로 걸어가렴.
내가 날 인정해 준다면 초라하게 느껴지지 않을 거야.

 스스로가 초라하게 느껴질 때가 온다면
그때의 나에게 어떤 말을 해 주고 싶니?

마음이 단단해지는 것을 느끼며 글씨를 따라 써 보아요.

나만 뒤처지는 것 같을 때

사람마다 인생의 목표도 다르고
인생의 속도도 달라요.

내 속도대로 가면 돼요.
내 마음대로 가면 돼요.

나만의 호흡으로
나만의 걸음으로 갈래요.

나만의 회전목마를 타고
두둥실 나아갈래요.

기억을 지우고 싶을 때

속상했던 기억을 지우고 싶어요.
부끄러웠던 기억도 찢고 싶어요.

그런데 그거 알아요?
내가 겪는 모든 일은
나를 완벽하게 해 준다는 거.

쓸모없는 이야기는 없어요.
전부 나에게 꼭 필요한 이야기랍니다.

나의 이야기들이
나를 만드는 거예요.

그 이야기들 덕분에
지금의 내가 있는걸요.

애써 지우려 하지 말아요.
애써 피하려 하지 말아요.

찌그러지고 얼룩진 이야기들도
꼬옥 안아 주세요.

"지금의 나를 만들어 준 완벽한 시나리오랍니다."

지원쌤의 조회 시간

어릴 때 맞았던 기억

억울하게 혼났던 기억

들키고 싶지 않은 비밀이 들춰진 기억.

돌이켜 보면 세탁기에 돌리고 싶은 기억이 많은 것 같아.

그 상처들이 없었다면 더 행복했을 텐데 하고 말이야.

그런데 그 기억들이 곧 나 자신이더라고.

좋든 싫든 나에게 쌓인 모든 기억들이

지금의 나를 이루고 있더라고.

그 모든 이야기를 담고 있는 너라서 이토록 아름다운 거야.

모든 기억을 끌어안고 묵묵히 살아온 너를 꼬옥 안고 토닥여 줘.

"살아내느라 수고 많았어."

 너희 인생 중 가장 가슴 아픈 기억은 무엇이었니?
그 시간을 지나온 나에게 수고했다고 말해 줘.

마음이 단단해지는 것을 느끼며 글씨를 따라 써 보아요.

기억을 지우고 싶을 때

쓸모없는 이야기는 없어요.
전부 나에게 꼭 필요한 이야기랍니다.

그 이야기들 덕분에
지금의 내가 있는걸요.

찌그러지고 얼룩진 이야기들도
꼬옥 안아 주세요.

지금의 나를 만들어 준
완벽한 시나리오랍니다.

나의 단점만 보일 때

예슬이는 아토피가 심해요.
온몸에 진물과 피, 흉터가 가득하지만
아픈 사람들의 마음을 잘 알게 되었어요.
아파 본 사람만이 그 마음을 헤아릴 수 있잖아요.

희연이는 남들보다 몸이 약해요.
삐빅. 체력 부족. 지금 당장 운동할 것!
병원에 가는 대신 운동을 열심히 하게 되었어요.
내 몸을 더 섬세하게 보살펴 줄 수 있답니다.

재성이는 이해력이 느려요.
책도 천천히 읽고 설명도 몇 번씩 다시 듣지만
그만큼 누구든 알기 쉽게 알려 줄 수 있어요.
느린 사람들에게 어떻게 말해 줘야 하는지 아니까요.

밉게만 보였던 단점도

아리따운 장점으로 변신할 수 있는 거예요.

"나의 구석진 부분까지 빈틈없이 사랑스러워요."

지훤쌤의 조회 시간

이 글에 적은 이야기는 모두 선생님의 이야기야.
어렸을 때부터 아토피가 심해서 선생님 몸에는 흉터가 많아.
이불에 피가 묻을 정도로 밤새 긁어댈 때도 많았지.

남들보다 몸이 약해서 병원에 자주 갈 때마다 속상하고
느린 이해력이 답답하게 느껴질 때도 많았어.

그런데 말이야, 단점이 단점으로 끝나지 않더라.
부족한 부분이 다른 부분을 채우게 하고
연약한 부분이 다른 부분을 강하게 만들더라.

어느 하나 쓸모없는 구석이 없는 나를
구석구석 빈틈없이 아껴 주는 건 어떨까?
아껴 줄수록 예뻐지는 법이잖아.

 지긋지긋하게 느껴지는 나의 단점!
단점도 장점으로 바꿔 볼까?

마음이 단단해지는 것을 느끼며 글씨를 따라 써 보아요.

나의 단점만 보일 때

남들보다 몸이 약해서
운동을 열심히 하게 되었어요.

내 몸을 더 섬세하게
보살펴 줄 수 있답니다.

밉게만 보였던 단점도
아리따운 장점으로
변신할 수 있는 거예요.

나의 구석진 부분까지
빈틈없이 사랑스러워요.

깜깜한 터널을 지나

가끔 삶이 버거울 때가 있어요.
이 고통이 언제 끝날지 몰라 두려워요.
내가 너무 이상한 사람처럼 느껴져요.

누구나 그럴 때가 있어요.
누구나 성장통을 겪는답니다.

성장하고 있다는 거예요.
무럭무럭 자라고 있어요.
더 큰사람이 되고 있어요.

뜨거운 용광로에서
단단한 철이 만들어지는 법이에요.

쉽게 깨지지 않게
나를 달구고 두들겨서
나만의 모양을 만들 거예요.

"단단한 사람이 되어 가는 중이에요."

지훤쌤의 조회 시간

선생님은 인생의 큰 시험을 준비할 때
긴 터널 안에 갇힌 것 같은 기분이 들었어.
수능을 준비하던 19살, 교사 임용 시험을 준비하던 23살.

이 터널의 끝은 있는 걸까 막막하고 두려웠지만
막상 터널을 지나고 나면 이전보다 훨씬 강한 모습이 되어 있더라.

캄캄한 터널 속에 있는 것 같아도
손톱이 자라는 게 눈에 보이지 않는 것처럼
조금씩 나아가고 강해지고 있는 것이니
뚜벅뚜벅 터벅터벅 걸어 봐.
터널을 지난 후에 눈부신 내 모습이 보일 거야.

 힘들었던 적이 있니? 혹은 벌써부터 걱정되는 일들이 있니?
힘들 때 가져야 할 생각을 써 보자.

_____

_____

_____

마음이 단단해지는 것을 느끼며 글씨를 따라 써 보아요.

깜깜한 터널을 지나

가끔 삶이 버거울 때가 있어요.
내가 너무 이상한 사람처럼 느껴져요.

누구나 그럴 때가 있어요.
누구나 성장통을 겪는답니다.

성장하고 있다는 거예요.
무럭무럭 자라고 있어요.
더 큰사람이 되고 있어요.

단단한 사람이 되어 가는 중이에요.

도전을 앞둔 나에게

시험을 앞두고 있을 때
발표가 코앞일 때
심장이 벌렁벌렁, 눈앞이 깜깜해요.

그럴 땐 이렇게 생각해요.
"나를 던져!"

롤러코스터에 탑승해서 안전바를 내리면
롤러코스터가 알아서 운행해 주잖아요.
인생의 롤러코스터에 나를 던져 봐요.

파닥거리고 나풀대는 내가 보여요.
머리카락은 헝클어져 있지만
어느새 롤러코스터는 도착해 있어요!

도전을 앞둔 나에게 이렇게 외쳐 볼래요.

"에잇 모르겠다, 그냥 나를 던져!"

지원쌤의 조회 시간

선생님은 무서운 놀이 기구를 잘 못 타.
놀이공원 갈 때마다 범퍼카나 회전목마를 타기 일쑤였지.

어느 날은 친구가 같이 롤러코스터를 타자고 하는 거야.
탑승 줄을 기다리는 내내 손에 땀이 나고
출발 직전에는 내가 왜 타겠다고 했을까 후회했지만
롤러코스터를 타고 나니 이 말이 절로 나오더라고.
"완전 재밌다!"

도전을 앞둔 마음은 항상 떨리고 긴장되지만
도전의 여정을 마치고 도착지로 왔을 때는
그렇게 짜릿하고 재밌을 수가 없어.

너희들도 재미있게 살고 싶다면 도전해 봐.
도전의 기차가 너희를 더 재미난 곳으로 데려가 줄 거야.
새로운 세상을 보고 싶다면 도전해 봐!

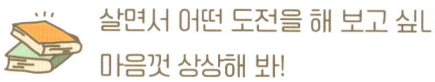

살면서 어떤 도전을 해 보고 싶니?
마음껏 상상해 봐!

마음이 단단해지는 것을 느끼며 글씨를 따라 써 보아요.

도전을 앞둔 나에게

시험을 앞두고 있을 때
발표가 코앞일 때
심장이 벌렁벌렁
눈앞이 깜깜해요.

도전을 앞둔 나에게
이렇게 외쳐 볼래요.

에잇, 모르겠다.
그냥 나를 던져!

포기하고 싶을 때

숙제가 쌓여 있는데
당장 내일 숙제를 제출해야 할 때
포기하고 싶어요.

그럴 땐 힘을 빼고 편안하게 가요.
잘하지 않아도 괜찮아요.
완벽하지 않아도 괜찮아요.
뚜벅뚜벅 걸어가다 보면 결승선이 보일 거예요.

포기한다면 나중에 후회할걸요?
포기한 자신이 얼마나 실망스럽다고요.

포기하지 않고 끝까지 해내면
그 자체로 얼마나 뿌듯한데요.

끝까지 해낸 나를 격하게 칭찬해 줄래요.

"골인! 완주한 것 자체로 정말 멋져!"

지훤쌤의 조회 시간

할 일이 쌓여 있을 때 마음이 답답하지 않니?

지금 글을 쓰고 있는 선생님 마음이 그래.

원고를 제출하는 날이 다가오는데 아직도 2장을 쓰고 있다니….

그래도 너희가 나의 답답함을 읽고 있는 걸 보니

원고를 무사히 제출하고 필사 책이 나온 거겠구나!

마음이 꽉 막히는 것처럼 막막하지만

포기하고 싶지는 않아.

끝까지 해냈을 때의 뿌듯함을 난 아니까!

원고를 출판사에 제출하는 날,

이렇게 외칠 거야.

"수고했다, 김지훤~!"

 포기하면 당장은 편해도 곧 실망감이 들더라. 포기해서 후회한 적이 있니?
포기하지 않고 해낸 나에게 어떤 말을 들려주고 싶어?

마음이 단단해지는 것을 느끼며 글씨를 따라 써 보아요.

포기하고 싶을 때

그럴 땐 힘을 빼고 편안하게 가요.

잘하지 않아도 괜찮아요.
완벽하지 않아도 괜찮아요.

뚜벅뚜벅 걸어가다 보면
결승선이 보일 거예요.

포기하지 않고 끝까지 해내면
그 자체로 얼마나 뿌듯한데요.

골인! 완주한 것 자체로 정말 멋져!

토닥토닥, 괜찮아

속상할 때나 우울할 때
기분 좋아지는 코스로 나를 토닥여 줄래요.

첫 번째, 나랑 놀아 줘요.
나만의 취미로 나와 놀아 주는 거예요.
이불 속에서 영화 보기, 음악 들으며 그림 그리기.
혼자서도 잘 놀아야 스스로 충전할 수 있거든요.

두 번째, 좋아하는 음식을 먹어요.
힘들 때일수록 배 속은 든든하게.
입안에서 꿈틀대는 온갖 맛을 음미하며
나를 위해 춤을 추는 미각을 느끼는 거예요.

세 번째, 운동해요.
목표를 세워서 운동해요.
빠른 심장 박동을 느끼며
머릿속을 가득 메운 걱정을 밀어내는 거예요.

기분이 좋아지는 코스를 알아야
아무리 힘든 일이 닥쳐와도
다시 좋은 기분을 만날 수 있어요.

"내가 나를 토닥여 줄 때 가장 따뜻한 위로가 돼요."

지원쌤의 조회 시간

선생님은 바람을 가르며 자전거를 탈 때
좋아하는 드라마의 새로운 에피소드가 나왔을 때
샤워하고 포근한 침대에 풍덩 누울 때
그럴 때마다 속상했던 기분이 덜어지는 것 같아.

인생을 행복하게 살려면
나를 달래 줄 방법을 알고 있어야 해.
우는 아이를 달래 주는 엄마처럼 말이야.

스스로 감정을 잘 보살필 줄 알아야
나의 삶도 보살필 수 있는 거란다.
때론 나를 어린아이처럼 토닥여 주는 것도 필요해.

 속상할 때 이걸 했더니 기분이 좋아지더라!
선생님에게도 살짝 알려 줄래?

_____

_____

_____

마음이 단단해지는 것을 느끼며 글씨를 따라 써 보아요.

토닥토닥, 괜찮아

기분이 좋아지는 코스를 알아야
아무리 힘든 일이 닥쳐와도
다시 좋은 기분을 만날 수 있어요.

나랑 놀아 줘요.
좋아하는 음식을 먹어요.
운동해요.

내가 나를 토닥여 줄 때
가장 따뜻한 위로가 돼요.

싸움에 관한 오해

친구가 날 분노하게 할 때
우린 싸울 수 있어야 해요.
내가 나를 지키기 위해서 싸우는 거예요.

싸움은 욕하고 때리는 것이 아니에요.
친구와 대화하는 거예요, 차분하게.

사과를 받아야 한다면
진심 어린 사과를 받고
오해가 있다면
대화로 오해를 풀어 나가요.

갈등은 자연스러운 거랍니다.
나쁜 게 아니에요.
갈등을 풀어 나가는 방법이 중요하지요.

갈등이 반복되지 않기 위해
친구에게 나의 마음을 전하고
친구의 이야기를 들어야 해요.

"지혜롭게 대화하는 것이 나를 위한 싸움이에요."

지원쌤의 조회 시간

친구가 화나게 할 때 똑같이 갚아 주고 싶었던 적 있니?
친구가 욕을 하면 더 심한 욕으로 갚아 주고
친구가 한 대를 때리면 두 대를 때려 주고 싶었던 적.

사람 때문에 부아가 난다면 우아하게 싸우는 법을 알아야 해.

너의 감정을 토로하고 친구의 생각을 들으며
오해가 있다면 오해를 풀고
사과받고 싶은 걸 사과받고
다시는 똑같은 갈등이 생기지 않도록 서로 노력하는 것.
그게 싸움이야.

사과받고 싶은 게 있다면 나도 사과할 상황을 만들지 않기로 하자.
똑같이 때리면 나도 사과해야 하잖아.
흥분하지 않고 침착하게 대화하는 사람이 이기는 법이야.

 친구의 말이나 행동으로 화난 적이 있니?
그때로 돌아간다면 친구에게 어떻게 이야기하고 싶어?

_____

_____

_____

마음이 단단해지는 것을 느끼며 글씨를 따라 써 보아요.

싸움에 관한 오해

친구가 날 분노하게 할 때
우린 싸울 수 있어야 해요.
내가 나를 지키기 위해서 싸우는 거예요.

싸움은 욕하고 때리는 것이 아니에요.
친구와 대화하는 거예요, 차분하게.

지혜롭게 대화하는 것이
나를 위한 싸움이에요.

누구나 오늘은 처음이라서

실수를 반복하는 친구가
답답할 때가 있어요.

그럴 땐
친구의 손을 잡아 주기로 해요.

처음은 언제나 어려운데
우리 모두 오늘을 처음 사는 거잖아요.

저마다의 고민으로
치열하게 살아가는
우리 모두에게
조금 더 너그러워져요.

손에 손을 잡고
손에 마음을 잡고
손에 사랑을 잡고
함께 걸어가요.

"따스한 손을 내밀 때 마음이 넉넉해져요."

🔊 지원쌤의 조회 시간

선생님은 유독 풀 죽을 때가 있어.
기억해야 하는 일을 까먹어 버렸을 때
의도치 않게 타인에게 상처를 줬을 때
마음이 폴싹 주저앉곤 해.

실수하고 싶지 않았는데
잘하고 싶었는데
자꾸만 이런 내 모습이 속상하기도 하지.

그럴 땐 이렇게 생각해.
"다음부터 잘하자. 그리고
내 실수와 잘못을 품어 준 이들처럼
나도 더 너그러워지자."

완벽하지 않기 때문에 더 너그럽게 살아갈 수 있는 것 같아.
완벽하지 않은 우리가 이 세상에 모였으니 더 넉넉하게 살아가자.

 내가 실수나 잘못을 저질렀을 때 누군가 보듬어 준 적이 있니?
언제 그랬는지, 그때 너의 마음은 어땠는지 써 봐.

마음이 단단해지는 것을 느끼며 글씨를 따라 써 보아요.

누구나 오늘은 처음이라서

처음은 언제나 어려운데
우리 모두 오늘을 처음 사는 거잖아요.

저마다의 고민으로
치열하게 살아가는 우리 모두에게
조금 더 너그러워져요.

따스한 손을 내밀 때
마음이 넉넉해져요.

함부로 대하는 친구에게

얘랑 놀지 마.
내가 시키는 대로 해.
쟤 때리고 와!

나는 좋은 것과 나쁜 것을
구별할 수 있어요.
친구가 나쁜 일을 시킨다면
그대로 행동하지 않을 거예요.

옳지 않은 일은
따르지 않을 거예요.
이리저리 휩쓸리지 않고
옳은 것을 선택할 거예요.

내 기준대로 선택하고
내 생각대로 결정할 거예요.
내 삶은 내 거니까요.

친구가 나를 제멋대로 조종하는 것을
내버려두지 않을 거예요.
그리고 단호하게 말할래요.

"내가 알아서 할게."

📢 지원쌤의 조회 시간

애들아, 친구 관계에서 이것만은 꼭 기억해.
친구와 함께 있을 때 긴장되거나 무시당하는 기분이 든다면
그건 건강한 친구 관계가 아니야.
친구란 함께 있는 것만으로도 즐겁고 마음이 편해지는 법이거든.

친구가 날 떠날까 봐
친구가 날 미워할까 봐
마음이 안달복달이라면 곰곰이 생각해 봐.

내가 끌려다니고 있는 건 아닐까?
친구가 날 만만하게 보고 있는 건 아닐까?

이 세상 그 누구도 널 함부로 대할 자격이 없단다.
이 세상에서 가장 어여쁜 너를 누군가 함부로 대하고 있다면
단호하게 너의 삶을 지키길 바랄게.
나의 기준과 생각을 정하는 것이 나를 지키는 첫걸음이야.

 '친구의 이런 행동은 짜증나더라' 하는 건 무엇이니?
너만의 울타리를 곰곰이 생각해 봐.

_____

_____

_____

마음이 단단해지는 것을 느끼며 글씨를 따라 써 보아요.

함부로 대하는 친구에게

나는 좋은 것과
나쁜 것을 구별할 수 있어요.

이리저리 휩쓸리지 않고
옳은 것을 선택할 거예요.

내 기준대로 선택하고
내 생각대로 결정할 거예요.
내 삶은 내 거니까요.

자신감을 만드는 세 가지

인생을 살아갈 때 자신감이 중요해요.
인생은 자신감으로 사는 거예요.
자신감은 이렇게 만들어요.

첫째, 눈빛.
상대의 눈을 똑바로 바라보아요.
눈에 힘을 주고 초롱초롱하게.
눈을 마주치지 못하면
떨고 있다고 느껴지거든요.

둘째, 자세.
굽은 허리와 말린 어깨를 펴요.
누가 위에서 내 정수리를 잡고 끌어올리듯.
자세가 구부정하면
지쳐 있다고 느껴지거든요.

셋째, 목소리.

상대가 알아들을 수 있는 크기로 말해요.

적당한 크기와 빠르기로 또박또박.

작은 목소리는

주눅 들어 있다고 느껴지거든요.

"당당한 모습으로 자신감을 만들 수 있어요."

지원쌤의 조회 시간

자신이 없어도 당당하지 않아도
자신감 넘쳐 보이는 마법이 있어.

이 세 가지만 있다면 자신감이 뿜어져 나온단다.
눈빛, 자세, 목소리.

거울 앞에 서서 씩씩하게 외쳐 봐.
눈은 또렷하게, 어깨 펴고 당당하게!

말하는 대로 몸이 움직일 거야.
전과 후가 얼마나 다른지 보이니?

당당한 모습을 먼저 갖추면
자신감이 따라올 때가 있는 법이란다.

역할극 한다고 생각하고 외쳐 봐.
눈은 또렷하게, 어깨 펴고 당당하게!

 거울 보고 외치고 왔니? 자신감 마법 세 가지 중에 나에게 부족한 점은 무엇인지, 어떻게 하면 좋을지 적어 봐.

마음이 단단해지는 것을 느끼며 글씨를 따라 써 보아요.

자신감을 만드는 세 가지

첫째, 눈빛.
상대의 눈을 똑바로 바라보아요.

둘째, 자세.
굽은 허리와 말린 어깨를 펴요.

셋째, 목소리.
상대가 알아들을 수 있는 크기로 말해요.

당당한 모습으로
자신감을 만들 수 있어요.

당당하게 발표하는 방법

친구들 앞에만 서면
손에 땀이 나고
눈앞이 아득해져요.

떨리는 마음을 들키고 싶지 않다면
이렇게 해요.

첫째, 눈을 마주쳐요.
친구의 눈을 바라보며 말해요.
흔들리지 않는 눈빛으로 자신감을 드러내는 거예요.

둘째, 몸을 지나치게 움직이지 않아요.
다리를 떨지 않아요.
손을 마구 휘젓지 않아요.
다리는 어깨너비로 벌리고 허리를 펴요.

셋째, 문장을 끝맺어요.
말끝을 흐리지 않아요.
떨려도 끝까지 말해요.

떨려도 꾸준히 연습하면
언젠가 당당하게 발표할 수 있어요.

거울에 비친 눈동자를 바라보며 말해요.

"나도 할 수 있어!"

📢 지원쌤의 조회 시간

선생님이 초등학교 2학년 때 발표하려고 손을 들면
담임 선생님께서 제일 먼저 시켜 주셨어.
발표를 잘해서, 담임 선생님께서 날 좋아하셔서 그런 게 아니야.
'웬일로 지원이가 손을 들었나~' 하고 시켜 주신 거였지.
그 정도로 선생님도 남들 앞에서 발표하는 게 어려웠어.

그랬던 내가 학생들 앞에서 매일 발표하는 선생님이 될 수 있었던 건
떨려도, 너무 떨려도, 꾸준히 연습했기 때문이야.
당당하게 발표하는 친구들이 부러워서 수업 시간에 손을 더 많이 들고
발표를 잘하는 친구들의 모습을 관찰했어.
거울 앞에서 발표하는 연습도 하고
발표하는 내 모습을 촬영해서 보기도 했지.

앞에서 선생님이 알려 준 세 가지를 기억하고 연습하다 보면
떨려도, 너무 떨려도, 당당하게 발표하는 날이 올 거야.
너는 네가 원하는 건 다 할 수 있는 무궁무진한 사람이니까!

 삶의 모든 관문에는 발표의 시간이 있어. 발표 직전 떨릴 때 자신감을 만들어 줄
나만의 마법의 주문을 만들어 보는 건 어떨까?

마음이 단단해지는 것을 느끼며 글씨를 따라 써 보아요.

당당하게 발표하는 방법

떨리는 마음을 들키고 싶지 않다면

첫째, 눈을 마주쳐요.
둘째, 몸을 지나치게 움직이지 않아요.
셋째, 문장을 끝맺어요.

떨려도 꾸준히 연습하면
언젠가 당당하게 발표할 수 있어요.

거울에 비친 눈동자를 바라보며 말해요.

"나도 할 수 있어!"

생각이 말이 될 때

내 마음을 말로 표현할 수 없을 때
마음이 답답해요.
생각을 말로 자유롭게 풀어낼 때
기분이 시원해요.

표현을 못해서 답답한 일이 생기지 않도록
전달을 못해서 억울한 일을 당하지 않도록
이렇게 연습해요.

첫 번째, 책을 많이 읽어요.
다양한 단어를 보며
적절한 표현 방법을 배울 수 있어요.

두 번째, 일기를 써요.
어떤 일이 있었는지, 어떤 생각이 들었는지
일상을 기록하며 마음의 언어를 정리할 수 있어요.

세 번째, 많이 말해요.
발표할 기회가 있을 때 주저하지 않고 용기 내요.
더듬어도 괜찮아요. 화려하지 않아도 괜찮아요.
생각을 표현하는 연습을 하며 기회를 얻을 수 있어요.

"생각이 말이 될 때 자유롭게 하늘을 나는 것 같아요."

지헌쌤의 조회 시간

선생님은 부끄럽게 싸운 적이 딱 한 번 있어.
초등학교 6학년 때 친구와 복도에서 큰소리를 내며 싸웠지.
그때 내 감정을 요목조목 말하고 친구가 잘못한 점을 짚어내고 싶은데
똑같은 말만 반복하다가 결국은 엉엉 우는 엔딩을 맞이하고 말았어.

그래서 선생님은 알아.
생각이 말로 풀어지지 않을 때 얼마나 답답한지.
생각을 말로 잘못 풀어냈을 때 얼마나 억울한지.

일기를 쓰기 시작하면서 친구와 지혜롭게 싸우는 방법을 알겠더라.
글을 쓰며 생각을 말로 정확하게 표현하는 기술이 늘었나 봐.

정돈되지 않던 생각이 말하면서 정리될 때
뒤죽박죽 섞인 생각을 순서대로 말할 수 있을 때
속이 뻥 뚫린 듯 시원할 거야.
생각은 글이 되고 말이 될 때 의미 있는 법이거든.

 내 생각을 제대로 표현하지 못해서 '그때 이렇게 말했어야 했는데!' 하고
뒤늦게 후회한 적이 있니? 그때는 언제인지, 어떤 말을 하고 싶었는지 써 봐.

마음이 단단해지는 것을 느끼며 글씨를 따라 써 보아요.

생각이 말이 될 때

생각을 말로 자유롭게 풀어낼 때
기분이 시원해요.

내 마음을 말로 표현할 수 없을 때
이렇게 연습해요.

첫 번째, 책을 많이 읽어요.
두 번째, 일기를 써요.
세 번째, 많이 말해요.

생각이 말이 될 때
자유롭게 하늘을 나는 것 같아요.

마음을 이끄는 사람

누구에게나 호감을 얻는 사람들은
공통점이 있어요.

첫째, 눈치 있는 사람.
유쾌하고 과하지 않게 장난칠 줄 알고
친구의 슬픔을 알고 위로해 줄 수 있는 사람.
그런 친구의 옆에 있을 때는 마음이 산뜻해요.

둘째, 넓은 마음씨를 지닌 사람.
친구를 너그러이 품어 줄 수 있는 마음씨.
친구의 의견도 받아들이고 양보할 줄 알아요.
그런 친구의 옆에 있을 때는 마음이 아늑해요.

셋째, 책임감 있는 사람.
주어진 일을 성실히 수행하는 책임감.
누구든 자신의 일을 멋지게 해내는 사람을 인정하게 돼요.
그런 친구의 옆에 있을 때는 마음이 든든해요.

그런 친구에게 이렇게 말해 주고 싶어요.

"너는 마음을 이끄는 사람이야."

지원쌤의 조회 시간

선생님은 나의 어린 시절을 부끄럽게 만드는
멋진 제자들을 보며 반성하고 배울 때가 많아.
그 제자들은 '어딜 가나 사랑받겠다' 싶지.
이 글은 그 제자들을 떠올리며 쓴 글이야.

만나는 선생님마다 칭찬을 하고
반 친구들이 모두 친해지고 싶어하고
교실에 없을 때 허전함이 느껴지는 그런 아이.

그 아이들은 아름다운 외모를 가진 게 아니라
아름다운 인성을 갖고 있더라.
존경받아 마땅한 빛나는 인성.

보면 볼수록 빠져들고 함께 할수록 즐거우며
마음이 자연스럽게 따라가는 사람.
빛나는 인성을 가진 사람을 누가 거부할 수 있을까?

 '빛나는 인성' 하면 떠오르는 사람이 있니?
그 사람의 어떤 모습이 빛난다고 생각해?

마음이 단단해지는 것을 느끼며 글씨를 따라 써 보아요.

마음을 이끄는 사람

누구에게나 호감을 얻는 사람들은
공통점이 있어요.

첫째, 눈치 있는 사람.
둘째, 넓은 마음씨를 지닌 사람.
셋째, 책임감 있는 사람.

그런 친구의 옆에 있을 때는
마음이 산뜻하고 아늑하고 든든해요.

"너는 마음을 이끄는 사람이야."

너의 우주를 들어 줄게

관심사가 달라도
생각이 달라도
누구와도 잘 대화하고 싶을 때는
이렇게 해요.

첫째, 경청해요.
듣는 것은 말하는 것보다 더 중요해요.
눈을 맞추고 귀 기울이며 이런 인상을 주는 거예요.
'너의 이야기가 정말 궁금해!'

둘째, 반응해요.
공감하고 함께 웃으며
타오르는 대화의 불에 기름을 부어 줘요.
생기 있는 반응으로 이런 인상을 주는 거예요.
'너의 이야기가 정말 재밌어!'

셋째, 칭찬해요.
칭찬은 대화에 버터를 발라 줘요.
대화를 더 즐겁고 산뜻하게 만들며 이런 인상을 주는 거예요.
'너와 함께 대화하는 게 좋아!'

사람을 만난다는 건 새로운 세상을 만나는 거예요.
그 세상에 들어가기 위해 대화를 해야 해요.

"대화를 통해 또 다른 세상을 들여다볼래요."

지헌쌤의 조회 시간

선생님의 MBTI는 ENFP야.
선생님과 제일 친한 친구는 ISTJ지.
우리의 성향은 MBTI 결과만큼이나 정반대라서 깜짝 놀랐어.
모든 상황마다 나와 생각하는 게 다른 거야.
'이렇게 생각할 수도 있구나!' 정말 많이 깨달았지.

그 한 명의 친구로 인해 더 많은 사람들의 생각을 이해하게 되었고
한 사람을 이해하는 것 자체로 한 세상을 이해하게 되더라.

그래서 나와 다른 사람을 만나는 게 재밌었고
나와 다른 세상과 친해지고 싶었어.

우리 모두 자기만의 우주를 갖고 있어.
나와 다른 우주를 만나기 위해 귀 기울여 주자.
새로운 우주를 들을수록 나의 우주가 더 커질 거야.

 가족이나 친구가 나와 다른 생각을 가졌을 때 놀랐던 적이 있니?
나와 다른 생각을 발견했을 때를 적어 줘.

마음이 단단해지는 것을 느끼며 글씨를 따라 써 보아요.

너의 우주를 들어 줄게

누구와도 잘 대화하고 싶을 때
경청하고, 반응하고, 칭찬해요.

너의 이야기가 정말 궁금해!
너의 이야기가 정말 재밌어!
너와 함께 대화하는 게 좋아!

사람을 만난다는 건
새로운 세상을 만나는 거예요.

대화를 통해 또 다른
세상을 들여다볼래요.

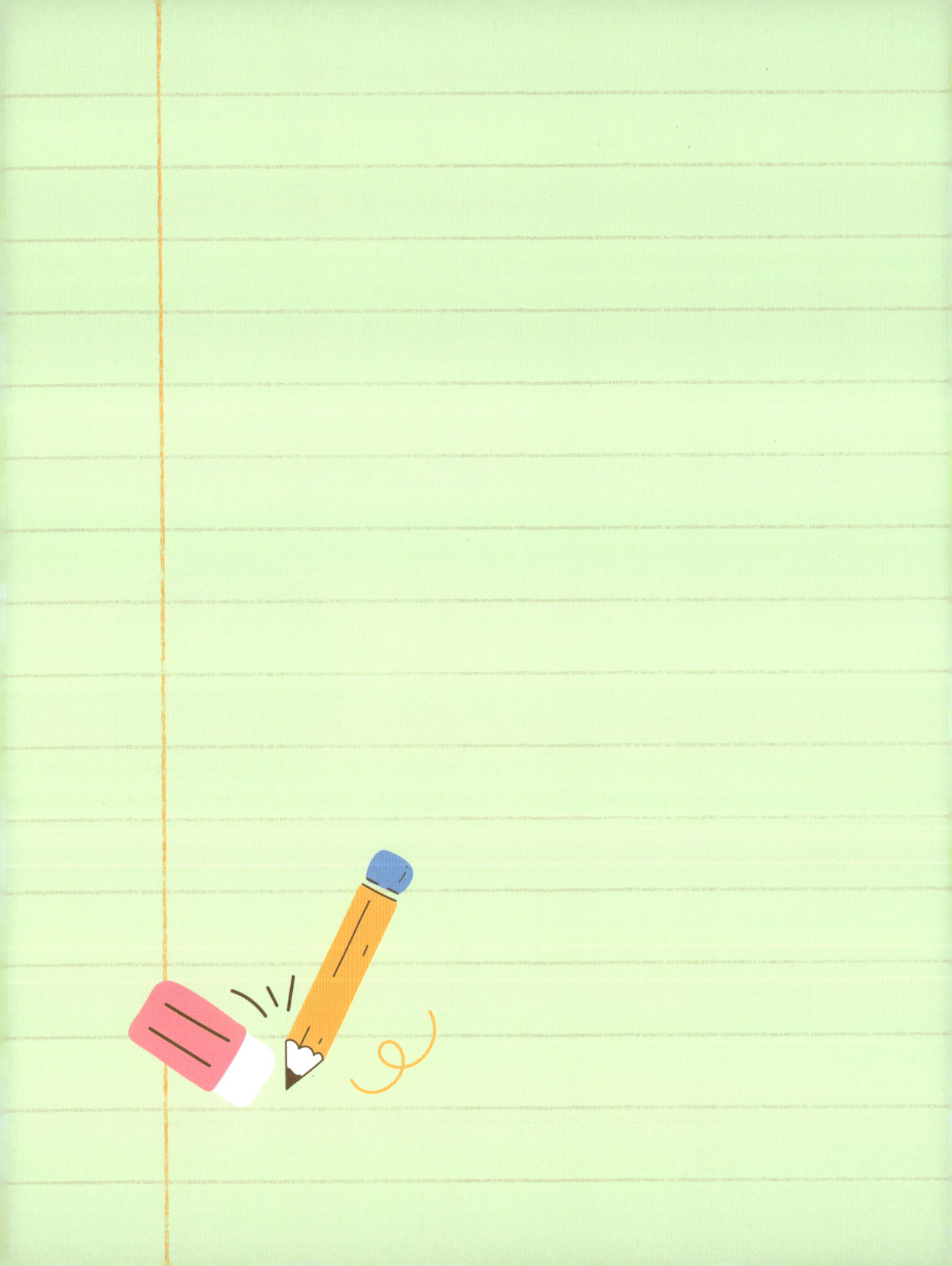

단단하게 살아가기

사랑을 주고 싶을 때

사랑은,
깊은 눈빛으로도
따뜻한 온기로도
나눌 수 있어요.

바들바들 떨면서 발표하는
친구의 말에 귀 기울여 주는 것도 사랑이에요.

마음대로 되지 않아 울고 있는
친구의 어깨를 토닥여 주는 것도 사랑이에요.

시험에서 백 점을 받고 기뻐하는
친구에게 박수를 쳐 주는 것도 사랑이에요.

내 안에 꿈틀거리는 알록달록한 사랑을
소중히 꺼내어 보여 줄 거예요.

"사랑의 날갯짓으로 더 큰 사랑을 일으켜요."

지원쌤의 조회 시간

선생님은 어렸을 때부터 아토피가 심해서
부모님께서 병원도 데리고 다니고 온갖 한약도 먹이시면서
아토피가 낫게 할 방법을 찾아다니셨어.

병원을 다녀온 다음 날 아침마다 눈을 뜨면
아토피가 나아졌나 내 몸을 살피는 부모님 모습이 보였지.

그게 사랑이더라.
사랑한다는 말보다 더 선명하고 따뜻한 사랑이더라.
진심으로 걱정해 주고, 축하해 주고, 가만히 옆에 있어 주는 것.

사랑한다는 말이 쑥스럽다면 마음을 담은 행동으로 표현해 봐.
나의 마음이 사랑의 비둘기가 되어 상대의 마음에 닿을 거야.

 사랑한다고 말하지 않아도 사랑이 느껴졌던 적이 있니?
그 사랑이 언제 닿았는지 말해 줄래?

> 마음이 단단해지는 것을 느끼며 글씨를 따라 써 보아요.

사랑을 주고 싶을 때

사랑은,
깊은 눈빛으로도
따뜻한 온기로도
나눌 수 있어요.

내 안에 꿈틀거리는
알록달록한 사랑을
소중히 꺼내어
보여 줄 거예요.

사랑의 날갯짓으로
더 큰 사랑을 일으켜요.

사랑을 받고 싶을 때

부모님께서 걱정해 주실 때
친구들이 격려해 줄 때
사랑받는다고 느껴요.

사랑받고 싶다면 먼저 사랑하는 거예요.
받고 싶은 사랑만큼 표현해 볼래요.
사랑할수록 사랑받는 법이거든요.

표현을 해야 느낄 수 있어요.
쑥스러워도 표현해 볼래요.
사랑하는 부모님께
소중한 친구들에게.

사랑을 표현할 수 있는 사람은
용기를 갖춘 사람이에요.

용기 있게 말해 볼래요.

"늘 내 옆에 있어 줘서 고마워!"

지원쌤의 조회 시간

선생님은 제자들에게 표현을 많이 하려고 노력해.
"사랑한다, 고맙다, 감동이다."
물론 선생님도 말할 때마다 부끄럽기도 해.

그런데 왜 자꾸 말하냐고?
그만큼 나도 제자들에게 사랑받고 싶은 거야.

제자들이 내 마음을 알면 좋겠는 마음과
나 또한 제자들에게 사랑받고 싶은 마음인 거야.
내가 사랑을 주면 제자들은 더 큰 사랑을 주거든.

사람은 다 똑같아. 날 좋아해 주는 사람이 좋은 거고
날 아껴 주는 사람을 더 아껴 주고 싶은 거야.

채워지고 싶은 마음만큼 사랑해 봐.
부메랑처럼 돌아와 사랑이 콕콕 박힐 거야.

 지금 이 글을 읽으며 떠오르는 사람이 있니?
그 사람의 사랑을 받고 싶다면 난 어떻게 하면 좋을까?

마음이 단단해지는 것을 느끼며 글씨를 따라 써 보아요.

사랑을 받고 싶을 때

받고 싶은 사랑만큼 표현해 볼래요.
사랑할수록 사랑받는 법이거든요.

사랑을 표현할 수 있는 사람은
용기를 갖춘 사람이에요.

소중한 사람들에게
용기 있게 말해 볼래요.

"늘 내 옆에 있어 줘서 고마워!"

나에게 해야 하는 말

삶의 순간마다
나에게 꼭 필요한 말이 있어요.

어떤 일을 시작하기 두려울 때
이렇게 외쳐요.
"할 수 있어!"

어떤 일의 결과가 아쉬울 때
이렇게 속삭여요.
"괜찮아, 충분히 잘했어!"

어떤 일에 실수했을 때
이렇게 토닥여요.
"그럴 수 있지!"

삶에 추운 바람이 불 때
따뜻한 말이 겨울 이불이 되어
포근하게 덮어 줄 거예요.

지윤쌤의 조회 시간

살다 보면 그럴 때가 있다?
'누군가 나한테 이렇게 말해줬으면 좋겠다' 싶을 때.

속상할 때 괜찮다고 말해 주면 좋겠고
실수했을 때 누구나 그러는 거라고 말해 주면 좋겠어.

아무도 말해 주지 않을 때 말해 줄 수 있는 단 한 사람이 있어.
바로 나. 나만큼은 나에게 말해 줄 수 있잖아.

삶이 외로울 때, 하루가 지칠 때
두 팔을 벌렸다가 나를 꼬옥 안아 줘.
손바닥이 등에 닿을 만큼.

그리고 이렇게 말해 줘.
"괜찮아, 잘하고 있어. 내가 알아."

 "아무도 몰라도 내가 알아."라는 말이 나에게 위로가 되더라.
너희는 나에게 어떤 말을 해 줄 때 가장 위로가 되니?

마음이 단단해지는 것을 느끼며 글씨를 따라 써 보아요.

나에게 해야 하는 말

삶의 순간마다
나에게 꼭 필요한 말이 있어요.

할 수 있어!
괜찮아, 충분히 잘했어!
그럴 수 있지!

삶에 추운 바람이 불 때
따뜻한 말이 겨울 이불이 되어
포근하게 덮어 줄 거예요.

나에게 하면 안 되는 말

친구에게 들을 때 화가 나는 말을
스스로에게 할 때가 많아요.

친구에게 듣고 싶지 않은 말은
나도 나에게 하면 안 되는 거예요.

"내가 늘 그렇지 뭐."
나를 무시하는 생각.

누구나 실수할 때도 있고 잘할 때도 있는 거예요.
나를 보듬어 줘야 해요.
이렇게 바꿔 볼래요.

"그럴 수도 있지."

"난 못해."
자신감을 떨어트리는 생각.

도전조차 하지 않는다면 기회를 놓치는 거예요.
나에게 용기를 불어넣어 줘야 해요.
이렇게 바꿔 볼래요.

"난 할 수 있어!"

지원쌤의 조회 시간

제자들이 친구들에게 상처 주는 말을 했을 때
선생님은 따로 불러서 이야기하지.

그렇게 이야기하면 친구 마음이 어떻겠니,
그렇게 이야기하면 안 된다.

정작 제자들이 자기 스스로에게 그런 말을 할 때
따로 불러서 이야기하지 못한 적이 많은 것 같아.

그렇게 이야기하면 너의 마음이 어떻겠니,
그렇게 이야기하면 안 된다.

내가 날 무시할 때 마음에 생채기가 나더라.
때론 내가 주는 상처가 더 아프더라.

가뜩이나 상처 받을 일도 많은 세상에서
내가 나의 가장 따뜻한 햇살이 되어 주자.

 '무슨 일이 있어도 이 말은 나에게 절대 하면 안 되겠다!' 하는
말들은 무엇이니?

마음이 단단해지는 것을 느끼며 글씨를 따라 써 보아요.

나에게 하면 안 되는 말

친구에게 듣고 싶지 않은 말은
나도 나에게 하면 안 되는 거예요.

내가 늘 그렇지 뭐.
난 못해.

나를 보듬어 줘야 해요.
나에게 용기를 불어넣어 줘야 해요.

그럴 수도 있지.
난 할 수 있어!

사과받는 방법

상처 난 가슴은 사과로 치유받을 수 있어요.
상처가 더 커지지 않도록 사과를 받아야 해요.

첫 번째, 친구의 행동에 대해 말해요.
친구의 행동에서 기분이 나빴던 것을
구체적으로 말해요.
"내가 하지 말라고 말해도 내 팔을 계속 때리더라고."

두 번째, 감정에 대해 말해요.
친구가 나의 기분을 알 수 있도록
내가 느낀 감정을 전달해요.
"그래서 팔이 아프고 또 때릴까 봐 무서웠어."

세 번째, 바라는 점을 말해요.
친구가 약속할 수 있도록
원하는 것을 말해요.
"다음부터는 내가 하지 말라고 했을 때 안 해줬으면 좋겠어."

친구의 사과가 마음의 눈물을 닦아 준답니다.

"마음의 상처에는 진심 어린 사과가 최고의 약이에요."

지원쌤의 조회 시간

사과받고 싶은데 괜히 말을 꺼내면
내가 속 좁은 사람이 되는 것 같아서 망설였던 적이 있니?
'그냥 나 하나 참고 넘어가면 편할 텐데' 하고 말이야.

상처가 계속 떠올라서 괴롭다면 사과받을 줄 알아야 해.
네가 참아야 하는 게 아니야.
네가 이상한 게 아니야.

정중하게 대화를 요청하고 너의 이야기를 해.
사과를 받고 나면 이렇게 생각할 거야.
'용기 내길 잘했다.'

너의 마음이 회복할 수 있는 기회를 마련해 줘.
진심 어린 사과를 받을 때 회복이 시작되는 거야.

망설이다가 받지 못한 사과가 있니?
그때로 다시 돌아간다면 어떻게 말하고 싶어?

마음이 단단해지는 것을 느끼며 글씨를 따라 써 보아요.

사과받는 방법

상처 난 가슴은
사과로 치유받을 수 있어요.

상처가 더 커지지 않도록
친구의 행동에 대해 말해요.
나의 감정에 대해 말해요.
친구에게 바라는 점을 말해요.

마음의 상처에는
진심 어린 사과가 최고의 약이에요.

사과하는 방법

자신의 잘못에 대해
사과할 줄 아는 사람이
진짜 멋있는 사람이에요.

첫째, 잘못에 대해 설명하고 인정해요.
왜 그렇게 행동했는지 이유를 말하고
자신의 잘못을 인정해요.
"너랑 같이 노는 게 좋아서 계속 장난쳤는데 기분 나쁘게 해서 미안해."

둘째, 친구의 마음을 헤아려요.
상처 받은 친구의 마음을 살피고
친구의 감정에 공감해요.
"계속 그렇게 장난치면 나 같아도 많이 짜증 났을 것 같아."

셋째, 약속해요.
친구가 신뢰할 수 있도록
진심을 다해 약속해요.
"다음부터는 반복해서 장난치지 않을게, 약속할게."

사과와 약속을 통해 친구와 더 친해질 수 있어요.

"갈등을 환하게 비추면 우정이 보여요."

지원쌤의 조회 시간

내가 사과할 일이 있다면
최선을 다해 사과할 줄 알아야 해.

잘못을 조금이라도 줄여 보려고 변명하고 회피하는 게 아니라
최선을 다해 사과하는 거야.

잘못한 일을 없던 일로 만들 수는 없지만
상처 준 마음은 낫게 할 수 있는 법이거든.

잘못을 인정하고 친구의 마음에 공감하고
다신 그러지 않겠다고 약속하는 것.

여기서 제일 중요한 건 약속을 지키는 거야.
그게 진정한 반성이지.

누구나 실수하고 잘못하지만 사과하는 태도에서 그 사람의 진가가 보이더라.
사과할 줄 아는 사람이 멋있는 거야.

 진심으로 사과받은 경험이 있니?
그때 너의 마음이 어땠는지 들려줄래?

마음이 단단해지는 것을 느끼며 글씨를 따라 써 보아요.

사과하는 방법

자신의 잘못에 대해
사과할 줄 아는 사람이
진짜 멋있는 사람이에요.

잘못에 대해 설명하고 인정해요.
친구의 마음을 헤아려요.
진심을 다해 약속해요.

갈등을 환하게 비추면
우정이 보여요.

거절하고 싶을 때

요구를 받아들이기 힘들 때는
제안이 마음에 들지 않을 때는
거절하는 것도 필요해요.

첫 번째, 나를 위해서 건넨 제안이 내키지 않을 때
부드럽게 거절해요.
"아냐, 괜찮아."
날 생각해 준 마음에 대해 말해요.
"생각해 줘서 고마워."

두 번째, 나에게 부담되는 요구를 했을 때
나의 상황을 설명해요.
"내가 지금은 바빠서 안 될 것 같아."

세 번째, 나를 함부로 부려먹을 때
단호하게 말해요.
친구를 똑바로 바라보고 자신감 있는 목소리로.
"싫어. 내가 왜?"

용기가 안 난다면 무시해요.
무례한 말을 가볍게 흘려보내는 거예요.

거절은 나쁜 게 아니에요.
나를 보호하기 위해서
거절할 줄 알아야 해요.

"용기 있는 거절은 나를 지켜 줘요."

📢 지원쌤의 조회 시간

인간관계에 끌려다니지 않고 단단하게 살아가려면
너만의 명확한 기준이 있어야 해.
그 기준은 살아가면서, 겪어 가면서 세우는 거야.

양보할 수 있는 것과 양보할 수 없는 것
들어줄 수 있는 부탁과 들어줄 수 없는 부탁
사소한 것들도 기준을 세워 봐.

시간이 지나고 '왜 그랬을까?' 후회해도 괜찮아.
그렇게 너의 기준이 만들어지는 거니까.

너의 기준이 만들어져야 거절도 할 수 있는 거야.
너의 마음이 어떤지, 부탁을 들어줄 수 있는지,
부탁을 들어주고도 마음이 괜찮은지 들여다보렴.

너만의 기준이 만들어지고 생각이 명확해지면서
마음은 더 단단해지고 관계는 더 돈독해질 거야.

 거절하지 못해서 곤란했던 적이 있니?
그건 앞의 글에서 몇 번째 상황일까? 어떻게 말하면 좋을까?

마음이 단단해지는 것을 느끼며 글씨를 따라 써 보아요.

거절하고 싶을 때

친구의 제안이 내키지 않을 때
"괜찮아, 생각해 줘서 고마워."

친구가 부담되는 요구를 했을 때
"지금은 바빠서 안 될 것 같아."

친구가 나를 함부로 부려먹을 때
"싫어. 내가 왜?"

거절은 나쁜 게 아니에요.
용기 있는 거절은 나를 지켜 줘요.

거절당했을 때

친구의 용기 있는 거절을
너그러이 받아들이는 사람은
마음이 넓은 사람이에요.

첫 번째, 나의 친절을 친구가 거절했을 때
나는 좋은 마음으로 제안했어도
친구에게는 부담일 수 있어요.
시원하게 받아들여요.
"그래, 알겠어!"

두 번째, 나의 부탁을 친구가 거절했을 때
친구는 나의 부탁을 거절할 권리가 있어요.
깔끔하게 받아들여요.
"그래, 알겠어. 미안!"

세 번째, 나의 명령을 친구가 거절했을 때
친구에게 명령하는 게 아니에요.
친구가 명령을 거절하는 건 당연해요.
나의 말에 기분이 나빴을 친구에게
부드럽게 말해요.
"기분 나쁘게 말해서 미안해."

거절을 대하는 자세에서 사람의 품격이 보인답니다.

"거절도 예의 있게 받아들이는 멋진 사람이 될 거예요."

지원쌤의 조회 시간

친구가 거절을 했는데도 계속 요구를 하거나
거절한 친구를 비난하는 경우를 종종 보았어.

친구가 나의 행동을 부담스러워한다면 멈출 줄 알아야 해.
친구가 너의 부탁을 거절했다고 기분이 나쁘다면 그건 거만한 거야.

장난도 마찬가지야.
친구가 나의 행동에 싫증을 느낀다면 멈출 줄 알아야 해.
내 감정에만 몰두하지 말고 친구가 느끼는 감정도 생각하는 거야.

싫다고 하면 알겠다고 하는 것.
하지 말라고 하면 하지 않는 것.
멈출 줄 아는 게 진짜 똑똑한 거야.

 나의 부탁을 용기 내어 거절한 친구에게 어떻게 말해 주고 싶니?

마음이 단단해지는 것을 느끼며 글씨를 따라 써 보아요.

거절당했을 때

친구의 용기 있는 거절을
너그러이 받아들이는 사람은
마음이 넓은 사람이에요.

"그래, 알겠어!"
"기분 나쁘게 말해서 미안해."

거절을 대하는 자세에서
사람의 품격이 보인답니다.

거절도 예의 있게 받아들이는
멋진 사람이 될 거예요.

내가 너무 싫은 날

항상 잘하고 싶고 좋은 사람이고 싶지만
매번 실수하는 나를 발견할 때마다
속상하고 실망스러워요.

나로 인해 친구가 상처 받았다면
진심으로 용서를 구하면 돼요.

나의 실수로 인해 일이 꼬였다면
한 올 한 올 풀어나가면 돼요.

우리가 용서받은 만큼 용서할 수 있어요.
나를 따스하게 품어 주는 이들에게 감사하며
나도 세상을 꼬옥 안아 주는 사람이 되는 거예요.

누구나 다 실수하며 사는걸요.
잘하고 싶었던 나에게,
풀죽은 나에게,
다정하게 다독여 주기로 해요.

"괜찮아, 그럴 수 있어."

지쳰쌤의 조회 시간

선생님이 제일 힘들 때는 나조차 내가 싫어질 때더라.
내가 날 지지하는 힘이 얼마나 큰 힘이었는지
뒤늦게 깨달으면서 말이야.

나만 못나고, 나만 초라하고, 나만 이상한 것 같은데
누구나 다 그런 생각을 한다더라.
누구나 힘들 땐 다 그렇대. 나만 그런 게 아니래.

그러니까 나를 몰아세우지 말고
'내가 너무 힘든가 보다' 해 주자.

일어날 힘조차 없는 나를
그냥 지긋이 바라봐 주는 거야.

'누구나 다 그렇지' 하면서
일어날 때 손잡아 줄 준비를 하고 있자.
누구나 다 그런 거야. 나 괜찮은 거야.

 내가 이상하게 느껴질 정도로 힘들 때가 누구에게나 있대.
너라면 어떤 위로를 건네고 싶니?

마음이 단단해지는 것을 느끼며 글씨를 따라 써 보아요.

내가 너무 싫은 날

나로 인해 친구가 상처 받았다면
진심으로 용서를 구하면 돼요.

나의 실수로 인해 일이 꼬였다면
한 올 한 올 풀어나가면 돼요.

누구나 다 실수하며 사는걸요.
잘하고 싶었던 나에게
다정하게 다독여 주기로 해요.

"괜찮아, 그럴 수 있어."

내가 나라서 정말 좋아

내가 자랑스럽고 기특할 때
기뻐서 팔짝팔짝 뛰고 싶을 때
이렇게 기쁨을 만끽해요.

첫째, 일기로 기록해요.
내가 겪은 황홀한 하루를 글로 새겨요.
차곡차곡 모은 행복이 힘들 때 위로의 책갈피가 되어 주거든요.

둘째, 거울 보고 활짝 웃어요.
뺨 근육이 당기도록 기쁨을 만끽해요.
짜릿함, 즐거움, 기쁨의 감정이 거울 속에 활짝 피어 있거든요.

기쁨을 완전하게 느끼면서 또 다른 하루를 살아갈 힘을 얻어요.
우린 그렇게 살아가는 거예요.

어여쁜 나에게 이렇게 외쳐 볼래요.

"내가 나라서 정말 좋아!"

📢 지원쌤의 조회 시간

내가 나라서 정말 좋다가도
내가 너무 싫은 날도 오는 법이니까
행복을 더 기록하려고 하는 것 같아.

내가 너무 싫을 때 행복의 기록을 훑어보면
'나 정말 복 받은 사람이네!' 생각하게 되거든.

선생님만의 '더 행복해지는 비법'을 알려 줄게.
기쁨이 찾아온 순간에 "아~ 행복해!"라고 말해 봐.
더 행복해질 거야.
단순했던 행복도 찬란한 행복이 될 거야.

너희만의 '더 행복해지는 비법'을 찾아 봐.
찬란한 행복이 겹겹이 쌓여서
내가 나라서 정말 좋은 삶이 되는 거란다.
그런 삶을 함께 살아 보지 않을래?

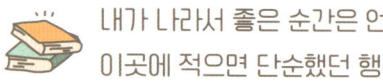

내가 나라서 좋은 순간은 언제니?
이곳에 적으면 단순했던 행복도 찬란한 행복이 될 거야.

마음이 단단해지는 것을 느끼며 글씨를 따라 써 보아요.

내가 나라서 정말 좋아

내가 자랑스럽고 기특할 때
이렇게 기쁨을 만끽해요.

일기로 기록해요.
거울 보고 활짝 웃어요.

기쁨을 완전하게 느끼면서
또 다른 하루를 살아갈 힘을 얻어요.

어여쁜 나에게 이렇게 외쳐 볼래요.

"내가 나라서 정말 좋아!"

내가 나라서 정말 좋아
필사 에디션

초판 1쇄 발행 · 2025년 5월 30일
초판 2쇄 발행 · 2025년 6월 30일

지은이 · 김지훤
발행인 · 이종원
발행처 · (주)도서출판 길벗
출판사 등록일 · 1990년 12월 24일
주소 · 서울시 마포구 월드컵로 10길 56(서교동)
대표 전화 · 02)332-0931 | **팩스** · 02)323-0586
홈페이지 · www.gilbut.co.kr | **이메일** · gilbut@gilbut.co.kr

책임편집 · 이미현(lmh@gilbut.co.kr), 황지영 | **마케팅** · 조승모, 이주연 | **유통혁신** · 한준희
제작 · 이준호, 손일순, 이진혁 | **영업관리** · 김명자, 심선숙, 정경화 | **독자지원** · 윤정아

디자인 · 정윤경 | **일러스트** · 하꼬방 | **인쇄소** · 상지사 | **제작** · 상지사

- 잘못 만든 책은 구입한 서점에서 바꿔 드립니다.
- 이 책은 저작권법에 따라 보호받는 저작물이므로 무단전재와 무단복제를 금합니다.
- 이 책의 전부 또는 일부를 이용하려면 반드시 사전에 저작권자와 출판사 이름의 서면 동의를 받아야 합니다.

ISBN 979-11-407-1338-7 77810

(길벗 도서번호 050234)

독자의 1초를 아껴주는 정성 길벗출판사

(주)도서출판 길벗 | IT교육서, IT단행본, 경제경영서, 어학&실용서, 인문교양서, 자녀교육서 www.gilbut.co.kr
길벗스쿨 | 국어학습, 수학학습, 어린이교양, 주니어 어학학습, 학습단행본 www.gilbutschool.co.kr

독자 엽서를 보내 주세요.

김지원 선생님에게 전하고 싶은 말이 있나요?
책을 읽고 든 생각이나 의견, 질문이 있다면
아래의 QR을 찍어 편집부로 보내 주세요.